AF227268

PROJET DE DISCOURS

DE MM. LES DÉPUTÉS

Qui montera à la Tribune au commencement
de la session prochaine.

PROJET DE DISCOURS

POUR LE PREMIER

DE MM. LES DÉPUTÉS

Qui montera à la Tribune au commencement
de la session prochaine.

A PARIS,

CHEZ TOUS LES MARCHANDS DE NOUVEAUTÉS.

IMPRIMERIE DE J. M. CHAIGNIEAU FILS,
rue Montmartre, n. 121.

1828,

PROJET DE DISCOURS

POUR LE PREMIER

DE MM. LES DÉPUTÉS

Qui montera à la tribune au commencement
de la session prochaine.

Messieurs,

Au moment où une chambre nouvelle est appelée à
raffermir nos institutions ébranlées par le choc de tant
de passions, de tant d'intérêts contraires, au moment où
s'ouvre une session qui doit remplir ou m troper tant
d'espérances, qu'il soit permis à l'un de vos collègues de
vous soumettre quelques réflexions sur les obstacles
que vous aurez à vaincre, et sur les moyens les plus
efficaces d'atteindre le but qui est l'objet de tous nos
vœux.

Jamais peut-être circonstances plus graves n'ont mérité
d'attirer toute votre sollicitude ; jamais questions plus im-

portantes n'ont été soumises à vos débats. Il s'agit de la
vie ou de la mort ; il s'agit de l'existence du trône légitime, qui ne peut désormais se consolider en France
qu'autant qu'il sera fondé sur les libertés publiques ; il
s'agit de la perte ou de la conservation des libertés publiques, qui ne peuvent fleurir qu'à l'ombre protectrice
du trône légitime.

Sera-ce en vain que dans sa clémence le ciel nous
aura rendu les Bourbons, et voulons-nous provoquer
des révolutions nouvelles ? Sera-ce en vain que le roi législateur nous aura donné cette charte, code précieux
et sacré de nos libertés, gage de paix et de concorde ?
Voilà les questions dont la solution résultera des actes
de cette chambre ; voilà ce que la France se demande
avec anxiété.

Comment pouvons-nous concevoir encore de pareilles
craintes après quatorze années de restauration ? Dispensez-moi, Messieurs, d'en rechercher les causes, que nous
trouverions peut-être dans les prétentions exagérées des
partis, dans de graves erreurs et de faux principes de
morale politique, et sur-tout dans la marche quelquefois tortueuse, souvent incertaine et timide, des divers
ministères qui se sont succédés depuis 1814. J'éviterai
sur-tout d'énumérer tous les actes du dernier ministère
pour les soumettre à un examen rigoureux qui est rarement dicté par une scrupuleuse impartialité. Ce sont des
paroles d'union et de concorde que je désire vous faire
entendre, et non de pénibles récriminations qui n'ont
presque jamais d'autre effet que de réveiller les animosités et les dissentions.

Quelles qu'en soient les causes, les craintes que j'ai
signalées ne sont que trop réelles, et quoi de plus propre à les calmer que la sagesse de nos délibérations, que
l'attitude à la fois calme et ferme de la chambre élective ?

Mais pour que cette chambre exerce sur l'opinion publique cette salutaire influence , il faut qu'elle jouisse
de tout le respect, de toute la confiance de la nation
qu'elle représente ; il faut que la France soit convain-
cue que tous ses députés sont animés comme elle d'un
dévouement sincère pour nos princes , d'un pur amour
pour la patrie.

Sous ce rapport, Messieurs, l'union qui doit régner
entre nous, l'aspect de nos débats , la composition même
de cette chambre, ne laissent-ils rien à désirer ? Tels sont
les objets sur lesquels je me propose d'attirer votre attention. Pour s'accorder , il faut s'entendre ; pour s'entendre,
il faut parler la même langue : permettez-moi de m'ex-
pliquer avec une entière franchise. Le nom de la nation
dont nous sommes les organes, suffit pour prouver que
c'est le seul langage qui lui convienne.

Par une déplorable conséquence des dissentions civiles,
un étrange néologisme fait subir à la langue elle-même
une sorte de révolution. Les termes les plus simples per-
dent leur sens naturel , pour emprunter, dans la bouche
des hommes de parti , une signification aussi fausse qu'o-
dieuse : on ne peut plus se comprendre, et l'on prélude,
par des disputes de mots , à des combats plus funestes.

Que les factions méconnaissent toute autorité , même
celle de Richelet, je ne m'en étonne point. Mais devant
vous, Messieurs, devant des législateurs qui , en entrant
dans cette enceinte , ont dû se dépouiller de toute prévention , de tout injuste préjugé , que peuvent signifier
ces mots de royaliste, de constitutionnel, de libéral, de
révolutionnaire ? Ce qu'ils signifient naturellement, ce
qu'ils signifient pour tout homme de bonne foi.

Un royaliste est celui qui veut le gouvernement monarchique, la dynastie légitime et héréditaire.

Un constitutionnel est celui qui pense que le pouvoir du monarque ne doit point être absolu et arbitraire , et qui veut, en conséquence, que ce pouvoir soit tempéré par une loi fondamentale, et par des institutions qui soient la garantie de cette loi.

Un révolutionnaire est celui qui voudrait changer la dynastie légitime, ou la forme du gouvernement.

- Ils sont donc royalistes tous ceux qui desirent voir à jamais les Bourbons et leurs successeurs légitimes régner sur la France : ils le sont tous, sans exception, et nul n'a le droit de leur refuser cet honorable titre.

Ils sont constitutionnels ceux qui veulent le maintien de la charte, de nos institutions, et des libertés publiques. Mais cette charte, ces institutions, ces libertés, qui nous les a données, si ce n'est notre Roi légitime, de sa pleine et libre volonté ? Son digne successeur n'a-t-il pas également juré, en face du Ciel et de la France , de les maintenir ? Ceux qui veulent la charte, nos institutions et les libertés publiques , sont donc royalistes constitutionnels , ou plutôt ils sont royalistes comme le Roi lui-même, comme les Bourbons.

S'il existe en France quelques hommes qui rêvent un changement de dynastie ; s'il en existe qui désirent déchirer la charte de Louis XVIII, abolir nos institutions , changer la forme de notre gouvernement , ceux-là, Messieurs , ceux-là seuls sont révolutionnaires.

Si vous reconnaissez la justesse de ces définitions et de ces principes, que je crois incontestables , nous voilà déjà affranchis de ces dénominations vagues qui appartiennent au langage des passions plus qu'à celui de la raison, qui deviennent offensantes et funestes , parce qu'elles sont fausses et hostiles , et qui sont le premier obstacle à cette concorde qui devrait régner entre des législateurs.

Maintenant, comme le gouvernement représentatif, institué par la charte, offre un mélange de formes monarchiques et de formes républicaines, dans quelle proportion les unes et les autres doivent-elles entrer dans cette combinaison d'élémens divers ? Les lois organiques doivent-elles distribuer la liberté avec libéralité aux citoyens et aux corporations, ou cette liberté doit-elle être plus restreinte ? Enfin, quelles sont les institutions qui doivent compléter l'organisation de la monarchie selon la charte ? Ce sont des questions secondaires sur lesquelles les individus, quoique pleinement d'accord sur les principes monarchiques et constitutionnels, peuvent différer d'opinion. Les uns, que l'on appellera libéraux, si l'on veut, penseront que de larges concessions ne peuvent qu'affermir le trône ; les autres, sous quelque nom qu'on les désigne, croiront nécessaire de se rapprocher davantage des institutions purement monarchiques. Voilà deux opinions contraires entre lesquelles les chambres, comme la nation elle-même, peuvent être partagées. Celle qui sera prépondérante, saisira naturellement les rênes du gouvernement ; l'autre formera l'opposition. Ce sera l'éternel débat entre les intérêts de l'aristocratie et ceux des classes inférieures ; ce sera, comme en Angleterre, le parti des Whigs et celui des Torys, dont la lutte continuelle et animée n'a point empêché, depuis 13o ans, cette nation industrieuse de prospérer dans une progression toujours croissante, sous un gouvernement représentatif, et qui n'hésitent jamais à se réunir et se confondre dans un commun accord, dès qu'il s'agit d'une question vitale, dès que le trône, la patrie, ou les libertés nationales sont réellement menacées. Tous également royalistes de cœur comme de principes, nous n'aurons plus alors que deux opinions en conflit ; du choc de ces deux opinions jaillira la lumière ; et l'opposition , quelle qu'elle soit , loin de pouvoir causer au prince aucune inquiétude , lui rendra d'importans services en exerçant sur l'administration une active surveillance , en signalant ses fautes , et en défendant les sujets du Roi contre l'abus de l'autorité.

Malheureusement en France il n'en est pas encore ainsi. Ce n'est pas seulement en deux partis, dont les intérêts, les prétentions sont avouées et notoires , que nous paraissons divisés ; c'est en plusieurs fractions de partis, soit réelles , soit fictives , soit systématiques, soit de conviction. On croit, ou l'on feint de croire qu'il existe parmi nous des hommes qui , en professant pour nos princes légitimes le plus honorable dévouement , repoussent avec opiniâtreté notre charte, nos institutions , et nos libertés publiques. On craint , ou l'on feint de craindre qu'il n'existe, parmi nous, des hommes qui , dans leur zèle exclusif pour nos institutions et nos libertés publiques, font abstraction de la légitimité , et nourrissent, au fond de leurs cœurs , de coupables espérances d'un changement de dynastie. On se persuade encore qu'il se forme parmi nous un parti qui , dans son aveugle zèle , prétend élever l'autel sur les débris du trône , remettre aux mains du clergé l'autorité temporelle , et soumettre la France à un gouvernement théocratique , sous lequel le Roi lui-même , déchu de sa puissance héréditaire , ne serait plus que le premier vassal du Vatican.

Ici , Messieurs, j'en appelle à vous-mêmes. Que chacun de nous descende au fond de son cœur et se demande avec franchise s'il n'a pas souvent , soit de son propre mouvement , soit par l'effet d'insinuations étrangères , conçu dans son esprit , contre quelques-uns de ses collègues , ces fâcheuses préventions qui ont trop souvent semé , parmi nous, la désaffection et la méfiance ? De là ces débats , plus qu'animés , ces interruptions inconvenantes , ces accusations réciproques , ces récriminations pleines d'aigreur : de là l'impossibilité de discuter avec calme , de s'accorder et de s'entendre sur les lois les plus importantes , sur les objets les plus graves : de là ces votes systématiques qui font rejeter les propositions les plus éminemment utiles , uniquement parce qu'elles sont faites par des collègues qui sont l'objet de nos préventions. Comment pourrions-nous nous flatter d'obtenir de la France une considération et une confiance que nous refuserions nous-mêmes de nous accorder réciproquement !

Faisons cesser enfin, Messieurs , cet état de confusion et de discorde. Nul ne doit soupçonner , sans doute , qu'aucun de nous puisse avoir la pensée de manquer à la moindre stipulation du serment qu'il a prêté avant d'entrer dans cette enceinte. Cependant, il faut bien l'avouer , pendant les sessions précédentes , des doutes se sont élevés ; certains discours étaient de nature à les faire naître , et cette tribune a trop souvent retenti de semblables accusations.

Il n'est personne parmi nous qui professe des sentimens ou une opinion qu'il puisse hésiter à avouer à la face de la France entière. Eh bien ! dès l'ouverture de cette législature , dont les délibérations vont être si importantes et si graves , imposons silence aux factions . par une manifestation solennelle de nos principes et de nos vœux ; faisons cesser tous les doutes ; ne laissons aucun prétexte à la défiance , aucune excuse à la calomnie.

On a paru craindre que quelques-uns de nos collègues, qui siègent à la droite de cette chambre , ne fussent pas partisans sincères de nos institutions , et de notre forme actuelle de gouvernement ; qu'ils nourrissent, en secret, le désir d'abolir la charte , ou du moins d'en éluder l'application; enfin, de rétablir en droit ou en fait la monarchie absolue et les anciens privilèges de la noblesse et du clergé. Ces craintes n'ont aucun fondement, je n'en doute pas, et m'empresse de le proclamer. Mais, quelque peu fondée que soit une prévention, elle n'en est pas moins susceptible de produire des effets funestes ; il n'en importe pas moins de la détruire. Eh bien ! que quelques-uns des éloquens organes de cette section de la chambre, lorsque nos discussions les appelleront à cette tribune, saisissent cette occasion pour déclarer, d'une manière aussi positive que solennelle, au nom des honorables collègues qui siègent auprès d'eux, que leur dévouement pour nos princes légitimes n'est qu'un motif de plus pour respecter et maintenir les institutions qu'ils nous ont données ; qu'il est faux que leurs désirs se reportent vers un temps qui n'est plus, et un ancien état de choses légalement aboli par le Roi lui-même, et que repousse la France : enfin, qu'ils sont prêts à défendre, avec toute la loyauté de leur caractère, la charte en même temps que le trône, les libertés publiques comme la légitimité.

Les membres qui siègent du côté opposé de cette chambre ont été quelquefois en butte à l'injuste soupçon de ne pas confondre, dans un même dévouement, le Roi et la charte, la liberté et la légitimité. On a paru suspecter la pureté de leurs principes sur l'excellence du gouvernement monarchique, et sur l'ordre invariable de succession au trône. Je croirais leur faire injure, si je doutais un seul instant de leur empressement à repousser d'aussi injustes soupçons, et à déclarer hautement à cette tribune, non pour nous qui n'en avons nul besoin, mais pour ceux qui, hors de cette enceinte, et les connaissant moins, leur rendent moins de justice, que nul n'est plus convaincu qu'ils ne le sont, que la royauté et

l'ordre légitime de succession au trône sont aussi nécessaires au repos et à la prospérité de la France, que le gouvernement représentatif, les libertés publiques, et l'ob-
servation religieuse de la charte; et que si, malheureusement, le trône ou la légitimité étaient jamais en péril,
nul ne montrerait, pour les défendre, une ardeur plus
sincère, une plus inviolable fidélité.

Rien n'est plus français, parce que rien n'offre mieux
le caractère de l'honneur et de la loyauté que de semblables explications, qui prouvent une fixité de principes,
une conscience politique exemptes de toute réserve, de
toute interprétation évasive. Ces explications, données
avec franchise et reçues avec confiance, rétabliront à
l'instant, parmi nous, cette harmonie, cette conformité
de dogmes politiques, sans lesquelles il est impossible aux
législateurs de remplir le but de leur noble mission. Mu-
tuellement convaincus de notre parfait accord sur les
bases fondamentales de notre édifice social, nous pourrons
alors, avec plus de succès, en coordonner toutes les parties, tous les accessoires; nous n'accueillerons plus les
sages avis de nos collègues, comme les Troyens recevaient
les présens des Grecs, avec une vague défiance; enfin,
nous parlerons tous la même langue, il nous sera facile
de nous entendre.

Il est encore un autre objet aussi délicat que difficile
à traiter, et que cependant il est indispensable d'aborder,
puisqu'il touche à l'honneur et à la considération de
cette chambre, et qu'il a été depuis quelque temps le
sujet de tant d'inculpations au moins hasardées dont la
France entière a retenti.

Parmi les dénominations sous lesquelles l'opinion publique est accoutumée à désigner les divisions qui se

forment dans cette chambre , il en est une que je n'ai point citée. C'est le titre de ministériel, dont on semble se plaire à faire chaque jour un étrange et cruel abus. Comme ce n'est point le scandale que je cherche , mais la justice et la vérité, j'exprimerai toute ma pensée franchement et sans réserve. Peut-être en a-t-il le droit celui qui , n'ayant ni reçu ni sollicité les faveurs du dernier ministère , est également à l'abri et du reproche de séduction ou d'ingratitude , et du soupçon de ce ressentiment secret qu'inspire l'ambition déçue.

Si l'on entend par ministériel un député qui adopte et défend les projets soumis à la chambre par les ministres d'après les ordres du Roi, qui de nous ne l'est pas lorsqu'il faut l'être ? N'avons-nous pas vu tour-à-tour, et quelquefois d'un commun accord, les honorables membres qui siègent aux extrémités opposées de cette chambre appuyer de leurs votes les projets des ministres lorsque ces projets leur ont paru conformes aux véritables intérêts du trône et de la patrie ? Etre ministériel dans ce sens, en se dépouillant de toute prévention , de toute répugnance personnelle, c'est une vertu , c'est le devoir tout député consciencieux et loyal.

Mais , si par le mot de ministérialisme on entendait signaler l'abnégation de son propre jugement, le sacrifice de ses principes et de ses devoirs, un dévouement aveugle et servile , tranchons le mot, le trafic de sa conscience et une lâche trahison envers le roi et la patrie, pour obtenir, d'un ministère corrupteur, des emplois , des honneurs , ou des richesses, qui pourrait ne pas repousser avec indignation cette dénomination flétrissante? Il n'est aucun des membres qui siègent dans cette enceinte qui ne soit trop au-dessus d'une imputation aussi basse, pour qu'il soit nécessaire de la repousser. Ceux qui sont ou furent nos collègues n'ont pas besoin que nous élevions la voix

pour les défendre ; les fonctionnaires publics qui font
partie de cette chambre , et la plupart de ceux qui ne
s'ègent plus parmi nous , étaient déjà en possession de
leurs emplois lorsque les électeurs leur ont, en pleine
connaissance de cause, accordé leurs suffrages. Et , quant
à ceux dont le gouvernement n'avait employé les talens
que postérieurement à leur élection , ne doutons pas un
instant qu'ils n'ayent dû ces faveurs uniquement à leurs
services passés , à leur dévouement pour nos princes, ou
à une capacité reconnue qui les rendait susceptibles de
servir utilement leur roi et leur pays. Sachons rendre à
tous pleine et entière justice, si nous voulons nous-mêmes
être à l'abri des traits envenimés de la calomnie.

Mais, comme nous l'avons déjà reconnu , il est important, en pareille matière , de détruire les préventions ,
même les moins fondées ; et , à cet égard, on ne peut
nier qu'il ne soit possible , qu'il ne soit même facile d'ôter
à la malveillance un prétexte qui ne peut paraître que
trop plausible à des esprits prévenus. Dans la dernière
chambre, on ne comptait pas moins de cent cinquante-
sept députés qui remplissaient des fonctions salariées et
amovibles ; et malheureusement des destitutions écla-
tantes ont prouvé que les ministres se laissaient quelquefois entraîner à punir le fonctionnaire du vote libre du
député. Des circulaires trop connues , quelques aveux
même qui ont été faits à cette tribune, tendaient à fonder,
à cet égard , une doctrine faite pour fortifier les doutes
sur l'indépendance des votes. Et ces doutes planaient sur
plus d'un tiers des membres de la chambre !

Il serait superflu de répéter ici les témoignages de la
haute estime que je professe pour nos anciens collègues ;
mais, lorsqu'il s'agit d'institutions, les individus dispa-
raissent , et l'on ne doit considérer les grands corps de
l'état que sous le point de vue général , et dans leur en-

semble. Qui, plus que nos cours de justice, peut commander la confiance, tant par les vertus et les lumières
qui distinguent chaque magistrat en particulier, que par
la noble indépendance que l'inamovibilité leur assure ?
Et pourtant, semblerait-il étrange qu'un plaideur ré-
pugnât à être jugé par un tribunal où siègeraient, je ne
dirai pas ses parties adverses, mais leurs parens, leurs
amis, ceux qui sont dans leur dépendance ? Quelque
respect que nous professions pour la magistratur en
général, ne croirions nous pas nous-mêmes devoir
réclamer, en pareil cas, la récusation pour cause de
suspicion légitime ? Nous ne devons donc pas nous éton-
ner si le public ne peut voir, sans quelqu'inquiétude,
un grand nombre de députés accepter, après leur élection, des fonctions salariées. Ces députés, eux-mêmes,
se trouvent bientôt dans une position délicate, et quelquefois pénible. Nul doute que, fidèles à la voix de l'honneur, et aux inspirations de leur conscience, ils ne con-
servent toujours cette noble indépendance qui est le résultat du caractère et des principes de l'homme, bien
plus que de sa fortune ou de sa position sociale : nul
doute qu'ils ne sachent, s'il le faut, encourir une honorable disgrace, plutôt que de trahir, par un vote servile, les intérêts de leur prince et de leur pays. Mais,
leur position ne les laissera pas moins en butte à la mali-
gnité d'un public qui est si rarement juste, sur-tout envers ceux dont il envie le sort. Toutes les fois que leur
vote, dicté par une intime conviction, sera favorable
aux projets du ministère, ou qu'ils prêteront au gouvernement le secours de leurs talens et de leur éloquence,
ils verront planer sur eux le soupçon d'une déférence for-
cée, pour les volontés de ceux sous les ordres desquels
leurs fonctions les ont placés.

Enfin, ce n'est pas seulement par l'effet qu'il produit

sur l'opinion publique , et par la position épineuse où il
place ces fonctionnaires , qu'un pareil état de choses offre
de graves inconvéniens; la dignité de cette chambre , elle-
même , en souffre , l'autorité de ses délibérations en est
compromise , la confiance qu'elle doit inspirer à la nation
en est affaiblie ; tandis que la chambre , suivant la belle
expression de César , ne doit pas même être soupçonnée.

En vous offrant , Messieurs , un moyen de détruire de
pareils préjugés , qui , pour être faux , n'en sont pas
moins funestes , je dois donc espérer d'avance d'obtenir
votre assentiment , et sur-tout les suffrages de ceux d'entre nous qui seraient dans le cas d'occuper , par la suite ,
des emplois lucratifs à la nomination du gouvernement.
La véritable délicatesse se hâte toujours de courir d'elle-
même au-devant du moindre soupçon.

Une proposition à ce sujet vous a été soumise pendant
les sessions de 1824 et de 1826 , par deux de nos collègues (1). Nous avons le bonheur de voir siéger encore
parmi nous plusieurs des honorables membres qui ap-
puyèrent vivement cette motion ; et sans doute le noble
désintéressement dont elle était le gage , n'a pas peu contribué à leur concilier les nouveaux suffrages de leurs concitoyens. C'est cette proposition que je vous prie , Messieurs , de me permettre de reproduire aujourd'hui Elle
consiste à provoquer une disposition législative qui pro-
nonce : que tout député qui , après son élection , accep-
terait des fonctions salariées par le gouvernement , celles
de ministre exceptées , cesserait , par ce fait seul , de
pouvoir siéger dans cette chambre , et devrait être soumis à une élection nouvelle.

Les motifs allégués , à l'appui de cette proposition ,

---

(1) M. le baron de Jankowitz , session de 1824.
M. Boucher , session de 1826.

2

dans les sessions de 1824 et de 1826 , sont encore présens à vos esprits ; et ce sentiment exquis de délicatesse et de convenance , qui est si éminemment français, parle trop haut en faveur d'une pareille mesure , pour que j'entre à ce sujet dans de longs développemens. Je me bornerai donc à indiquer les principales considérations qui me paraissent devoir vous déterminer à adopter cette proposition , dont tout l'honneur doit appartenir à ceux de nos collègues qui , les premiers , l'ont présentée à cette tribune.

Il serait aussi injuste qu'impolitique d'exclure de cette enceinte tous les fonctionnaires publics , sans distinction : il y aurait injustice ; car ceux qui étaient déjà pourvus de leurs emplois lorsqu'ils se sont présentés comme candidats ont été élus, en pleine connaissance de cause , par leurs concitoyens qui ont été certains de trouver , dans le caractère et la conduite antérieure de ces fonctionnaires , des garanties suffisantes de leur indépendance. Il y aurait impolitique et inconvenance , parce que l'on semblerait ainsi reconnaître implicitement que , par cela même qu'un individu a obtenu la confiance du gouvernement , il doit perdre celle de ces concitoyens. Mais il n'en est pas de même , lorsqu'un député accepte des fonctions salariées. Quand les électeurs lui ont donné leurs suffrages , il était , par sa position sociale , libre de tout engagement , de tout lien d'intérêt , d'ambition ou de reconnaissance envers le pouvoir. Depuis lors , sa situation est changée. Sans doute ses sentimens d'honneur et de véritable patriotisme n'en offrent pas une moins sûre garantie ; mais c'est aux électeurs seuls à en juger. Ces observations acquièrent encore plus de force , si l'on considère que , d'après la nature des choses et l'esprit de nos institutions , l'admission des fonctionnaires publics dans cette chambre n'est qu'une exception ; à la vérité

honorable autant que méritée, aux principes généraux
en matière d'incompatibilité ; car, de tout temps, on
a regardé comme imcompatibilité première et absolue,
celle qui doit naturellement exister entre deux fonctions
dont l'une consiste à surveiller et contrôler les actes de
l'autre. Or, la chambre des députés reçoit et discute les
comptes des ministres ; elle peut même les accuser et les
traduire en jugement, si leurs actes lui paraissent mériter
cette sévère marque d'improbation ; et c'est parmi ceux
qui exercent sur eux un pareil contrôle, que les ministres voient siéger des fonctionnaires, dont la nomination,
l'avancement et la destitution dépendent d'eux, soit implicitement, soit d'une manière absolue ! Ils trouvent
des subordonnés parmi les membres de leur jury d'ac-
cusation !

La proposition qui vous est soumise, Messieurs, ap-
porte à cette exception des restrictions aussi justes que
prudentes. Elle concilie tout-à-la-fois la politique et les
convenances, les intérêts de la chambre et ceux de la na-
t'on. Elle est plus nécessaire encore aujourd'hui, que
les fonctions de député, devenues septennales, offrent aux
influences ministérielles plus de puissance et de durée.
Enfin, le gouvernement n'a rien à en redouter ; car, en
agissant loyalement et conformément à l'esprit de nos
institutions, il n'a point à craindre que l'opinion publique repousse ceux à qui il accorde sa confiance.

Je ne dirai plus qu'un mot à ce sujet. Prenons, Messieurs, une honorable initiative ; car ce que nous hésite-
rons à faire, les électeurs et les candidats, inspirés par
ce sentiment de délicatesse qui est naturel aux français,
pourront bien le faire eux-mêmes. Bientôt peut-être les
candidats, pour obtenir la confiance de leurs concitoyens,
s'engageront sur l'honneur à n'accepter aucun emploi,
aucune faveur du gouvernement, ou à donner sponta-

nément leur démission comme députés, à l'instant où ils consentiraient à en accepter. On a même vu des électeurs exiger un pareil engagement de ceux qui se présentaient pour obtenir leurs suffrages. Ces faits parlent assez haut, et je n'ai pas besoin de développer toutes les réflexions qu'ils peuvent faire naître.

Mais, pour conserver à cette chambre toute sa dignité, toute son autorité et sa force morales, pour lui concilier le respect et la confiance qu'elle doit inspirer, il ne suffit pas que les membres qui la composent soient à l'abri de tout soupçon, soit d'aversion pour notre mode actuel de gouvernement, soit de dépendance. Il faut encore qu'ils soient évidemment les organes légaux de la majorité de leurs concitoyens ; que nul ne puisse raisonnablement concevoir, sur leur élection, un doute d'irrégularité, de surprise ou de fraude. A ce sujet encore, permettez-moi, Messieurs, de développer toute ma pensée avec une entière franchise.

Les règles, en matière d'élection, sont de trois espèces bien distinctes.

Les premières sont relatives aux conditions qui constituent le droit, à l'usage de ce droit, aux mesures générales propres à en garantir aux citoyens le libre exercice, enfin, à la compétence pour statuer sur les diverses réclamations : ce sont les bases fondamentales du système électoral ; c'est la loi qui les établit.

Les secondes, qui sont relatives au mode d'exécution de la loi, aux formalités nécessaires pour que cette exécution soit régulière et uniforme dans tout le royaume, sont du domaine de l'autorité royale, et déterminées par des ordonnances.

Les troisièmes ne sont que des mesures d'exécution tout-à-fait secondaires, des formalités purement de détail ou de localité ; elles sont l'objet d'instructions ministérielles d'après lesquelles agissent les préfets et les autres agens du gouvernement, chacun dans la sphère de ses attributions.

Mon intention n'est nullement de remettre en discussion notre système électoral. Celui qu'a établi la loi du 29 juin 1820, est-il le plus parfait de tous, le mieux approprié à la nature de nos institutions, et à l'état actuel de la France ? Jusqu'à quel point la création de deux collèges, et le double vote, sont-ils d'heureuses innovations selon l'esprit de la charte ? Je laisse ces réflexions aux publicistes dont les talens supérieurs et la longue expérience les rendent plus capables d'approfondir des questions aussi graves. Dans leurs méditations à ce sujet, ils n'auront garde d'oublier que le système électoral est un des rouages essentiels du gouvernement représentatif, et que, s'il est faussé ou altéré, la machine entière est désorganisée, et peut s'écouler avec fracas. Mais, sans aborder ces questions fondamentales, et ne nous occupant que des mesures réglementaires, qui ne se lient pas essentiellement à tel ou tel mode d'élection, la législation actuelle ne laisse-t-elle rien à désirer ?

Nous nous plaisons à reconnaître combien les dispositions de la loi du 2 mai 1827, sur la composition du jury, ont amélioré notre système électoral (1). Toutefois, Messieurs, les observations suivantes pourront ne pas vous paraître dénuées de fondement. L'exercice du droit d'élection est si important, si précieux pour tous les français, qu'il est à désirer de prévenir tout abus de pouvoir, tout déni de justice qui tendrait à les en priver.

Je ne m'arrêterai point à des objections secondaires ; je ne rechercherai point si, faute d'un délai de rigueur fixé par la loi, il n'est pas facile à un préfet d'éliminer

---

(1) Art. 2, 3, 5 et 6.

un électeur, sans lui laisser aucune possibilité de recours, soit que le préfet ne publie le tableau de rectification des listes qu'à la veille de la réunion du collége, soit qu'il ne notifie qu'au dernier moment la décision provisoire qui raye certains électeurs de la liste. Je ne demanderai point quelle ressource laisse à un électeur le silence de la loi, lorsque la négligence ou la mauvaise volonté des employés de la préfecture, le refus du préfet de recevoir par huis-sier la signification du pourvoi qui doit être suspensif, mettent cet électeur dans l'impossibilité de notifier uti-lment même ce recours *in extremis*. Il s'est élevé, au sujet de ces diverses entraves, beaucoup de plaintes lors des dernières élections ; mais ces plaintes auront éveillé la sollicitude du gouvernement, et une administration franche et loyale parviendra facilement à réprimer ces abus.

Une question bien plus grave me semble mériter toute votre attention. Quelle doit être l'autorité compétente pour statuer sur les réclamations relatives au droit d'élec-tion en général ? Je sais que cette question est déjà résolue par les lois des 5 février 1817 (1) et 2 mai 1827 (2.) Je sais que ces lois atttribuent au préfet, en conseil de pré-fecture, le pouvoir de prononcer provisoirement sur les réclamations qui s'élèvent contre la rédaction des listes, sauf le recours au roi en son conseil d'état, pour statuer définitivement sur les difficultés relatives aux contribu-tions ou au domicile politique, et le renvoi devant les cours royales, pour juger les contestations au sujet des droits civils ou politiques. Mais ces dispositions sont loin d'offrir cette clarté, cette précision si nécessaires dans le

---

(1) Art. 5 et 6.
(2) Art. 4

texte des lois en général , et principalement lorsqu'il s'agit de fixer les compétences, de tracer les limites des juridictions. Bien au contraire , les expressions de ces lois ont paru tellement vagues et indéfinies , que les mêmes contestations ont été revendiquées , et quelquefois jugées contradictoirement , d'un côté par l'autorité administrative , de l'autre par les tribunaux , ainsi que le prouvent divers jugemens et les nombreux conflits auxquels ces débats ont donné lieu à l'époque des dernières élections. Vous n'ignorez pas , Messieurs , combien ces conflits ont été peu favorablement accueillis par l'opinion publique , et par quelques cours royales elles-mêmes , qui tantôt ont passé outre aux jugemens , sans avoir égard aux conflits , tantôt ont déclaré qu'en cette matière il ne pouvait y avoir lieu d'élever le conflit , mais seulement de proposer l'incompétence (1). Vous n'ignorez pas que, naguère, après dix années d'exécution de notre législation électorale, on doutait encore si les contestations , dont la connaissance est attribuée aux tribunaux , devaient être portées directement devant les cours royales , ou soumises préalablement aux juges de première instance (2). Il semblerait donc nécessaire de régler au moins, d'une manière plus formelle et plus précise, les compétences à ce sujet. Mais, si l'on approfondit la question, des doutes plus graves peuvent s'élever sur la juridiction attribuée à l'autorité administrative en cette matière.

En principe, lorsqu'il s'agit de fixer les compétences, ce n'est pas par de simples motifs , tirés des convenances ou de l'intérêt de l'administration , que le législateur doit

---

(1) Arrêts de la cour royale de Toulouse, des 14 et 15 novembre 1827, de la cour royale de Rouen , du 12 novembre 1827 et autres.

(2) Arrêts de la cour royale de Paris des 12 et 13 novembre 18.7.

s· déterminer ,. mais uniquement d'après la nature de la matière. Pourquoi certains objets sont-ils soustraits à la juridiction des tribunaux, et soumis à celle de l'administration, et, en définitive, à la décision du roi en son conseil ? C'est parce qu'ils ne pourraient, ainsi que l'expérience le prouve, être livrés aux tribunaux ordinaires sans de graves inconvéniens, attendu que la nature des contestations est telle que, pour prononcer, l'autorité judiciaire serait obligée de s'immiscer, soit par voie de réglement, soit par voie de contrôle, dans les matières de haute politique ou d'administration active, en d'autres termes, d'usurper les fonctions civiles qui n'appartiennent qu'au souverain et à ses délégués, ce qui produirait la confusion de toutes les attributions, et répandrait le désordre dans la société. C'est encore parce que ces objets, concernant l'ordre, la sécurité ou la salubrité publiques, ne peuvent supporter les formalités et les délais inévitables de l'instruction judiciaire.

Or, dans les réclamations qui s'élèvent en matière électorale, peut-on réellement alléguer l'un des motifs que nous venons d'indiquer ? Trouve-t-on un seul objet qui, par sa nature, rentre exclusivement dans le domaine de l'administration, et où l'intervention des tribunaux offre le moindre danger ? En quoi consistent ces réclamations relatives au domicile politique ou aux contributions, et dont les lois précitées réservent la connaissance aux autorités administratives ? Il ne peut être question de régler ou de modifier, en aucune manière, le droit lui-même ; mais seulement de décider si le réclamant réunit les qualités et conditions prescrites par la loi, pour jouir de ce droit. Il s'agit de prononcer sur des faits, sur le domicile politique, sur le cens électoral, sur l'année de possession qu'exige la loi. Il s'agit de décider à qui les contributions doivent être attribuées, à qui doivent profiter les cessions d'impôt foncier autorisées par cette même loi. Un électeur a-t-il fait , en temps utile , les déclarations prescrites pour la translation de son domicile politique ? A-t-il , par un vote précédent , perdu la faculté de voter aujourd'hui dans le lieu de ce nouveau domicile ? Paie-t-il , depuis plus d'une année , la somme de contributions directes qui forme le cens électoral ? Ce ne sont que de simples faits qui peuvent facilement être constatés devant les tribunaux , au moyen de certificats délivrés par les fonctionnaires publics et les agens de l'administration. Peut-on admettre , pour composer le cens électoral, des contributions locales, des centimes extraordinaires, des redevances spéciales, des supplémens d'octroi, ou toute imposition autre que les contributions directes ? Les contributions doivent-elles profiter à l'emphytéote, à l'usufruitier et non au nu-propriétaire ; au propriétaire de l'immeuble grévé d'une rente foncière , au propriétaire d'un fonds congéable ; et non au tenancier ; aux acquéreurs sous réserve de reméré et non aux vendeurs ; aux débiteurs , pour les biens engagés par antichrèse , et non aux créanciers engagistes ; au locataire, pour les portes et fenêtres du logement qu'il loue , non meublé , et non pas au propriétaire ; etc. , etc. ? Dans quels cas le mari doit-il profiter des contributions payées par sa femme, le père , de celles que supportent ses enfans mineurs et non émancipés? Dans quelles circonstances les veuves peuvent-elles céder leurs contributions à leurs fils , petits-fils ou gendres ? Enfin , quelles sont les personnes qui peuvent être assimilées aux possesseurs à titre successif, et, comme tels, être dispensé esde la condition d'un an de jouissance de la propriété ? Dans toutes ces contestations , dont je ne cherche point à épuiser la nomenclature , il ne se présente aucune considération réelle de haute politique ,

d'administration active, qui exige une juridiction exceptionnelle. Elles n'offrent que de simples questions de
droits individuels , d'application d'une loi fondamentale
qui n'a nullement le caractère d'administration pure ,
dans le sens attribué à cette expression. Loin que l'administration soit ici seule compétente , la plupart de ces
questions ne pouvant être résolues que par des motifs
tirés du code civil, des principes du droit commun et
de l'interprétation des actes et titres privés , les tribunaux semblent naturellement devoir en être les seuls
juges.

Mais on objecte que, de tout tems , les contestations
en matière de contributions directes ont été attribuées
exclusivement aux juges administratifs. Sans doute , par
les motifs que j'ai moi-même exposés plus haut, ces objets doivent être soumis à la juridiction exceptionnelle
toutes les fois qu'il s'agit de l'assiette , de la répartition
ou du recouvrement des contributions directes, d'exemp-
tions , de dégrévemens ou de remises. Mais , au sujet des
listes électorales , il ne s'agit de rien de semblable ; les intérêts du trésor et ceux des contribuables, n'entrent pour
rien dans ces contestations ; ce ne sont point des questions
de contributions , mais de simples questions de faits , de
personnes et de titres privés : la juridiction exceptionnelle , en matière de contributions directes , n'y paraît
donc nullement applicable.

Objecterait-on encore que le jugement des réclamations, en matière électorale , est d'urgence , et ne peut
en conséquence être soumis à tous les délais des procé-
dures ordinaires ? Sans doute il est urgent de statuer :
mais, c'est par cette raison même que le recours , par
voie administrative , devient la plupart du temps illusoire. Car, un électeur qui se voit repoussé par une décision tardive , ou simplement éliminé par le tableau de

rectification , peu de jours avant la réunion du col'ége ;
pourrait encore obtenir, en temps utile , une décision
du tribunal local , si l'affaire y était jugée comme matière urgente , ainsi qu'on le proposa par amendement
à l'article 6 de la loi du 5 février 1817 ; mais un recours
à Paris , devant le Roi , en conseil d'état , entraîne bien
plus de retards , et la décision ne peut être rendue avant
le délai fatal. La juridiction des tribunaux serait donc la
plus prompte , comme elle semble la plus naturelle.

Mais , en nous élevant à de plus hautes considérations ,
au lieu de chercher péniblement des argumens plus ou
moins plausib'es , pour créer des juges d'exception que
l'opinion pub'ique n'accueille presque jamais qu'avec
répugnance , peut-être reconnaîtrons-nous que la loyauté
du gouvernement , le soin de sa dignité et son intérêt
même se réunissent pour l'engager à rendre aux tribunaux cette juridiction qui semble si naturellement leur
appartenir. Le public soupçonne trop souvent que les
efforts du gouvernement tendent à exercer sur les électeurs un pouvoir peu légal , à écarter ceux qui se
montrent indépendans , et même à diminuer le nombre
des électeurs en général. Peut-être, il faut l'avouer, les
dispositions peu favorables de certains fonctionnaires ,
l'abus des conflits, et quelques décisions, au moins rigou-
reuses , prises en conseil d'état , ont-ils contribué à fortifier ces soupçons. Dans cette disposition des esprits, est-
il adroit et convenable de paraître redouter le jugement
des magistrat , dont le caractère et l'inamovibilité ga-
rantissent l'impartiale justice , et de leur substituer , sans
nécessité , des juges d'exception révocables à volonté,
et qui , par conséquent , sont toujours soupçonnés d'être
dans la dépendance du pouvoir ? Ne serait-ce pas encore
augmenter la méfiance , et inspirer des doutes sur la

bonne foi du gouvernement , dans l'exécution d'une loi qui est la base de toutes les libertés publiques ?

Les mêmes motifs pourraient vous faire désirer , Messieurs , deux autres modifications dans notre législation électorale , et il suffira de les indiquer pour vous convaincre de l'utilité de ces amendemens. Je veux parler , d'une part , des cessions de contributions par les veuves ; de l'autre , du silence de nos lois sur les poursuites à exercer contre ceux qui usurpent les droits électoraux.

La loi du 29 juin 1820 permet aux veuves de céder leurs contributions foncières , pour conférer le droit d'élection à leurs fils ; à défaut de fils , à leurs petits-fils ; et , à défaut de fils et de petits-fils , à leurs gendres : ce sont les propres termes de cette loi : le but en est évident. Le droit d'élection est inhérent à la propriété ; ce principe est un des premiers élémens du gouvernement représentatif. Pour que la propriété produise le plus grand nombre d'électeurs possible, dans les justes bornes fixées par la charte , la loi a voulu que les droits des femmes et des mineurs , c'est-à-dire de ceux que leur âge ou leur sexe frappe d'incapacité , fussent exercés par ceux qui les représentent naturellement , ou qui doivent leur succéder. C'est pourquoi l'on attribue au mari les contributions de sa femme , même non commune en biens , et au père , celles de ses enfans mineurs (1) ; c'est par ce même motif que les veuves sont autorisées à céder leurs contributions à leurs fils , petits-fils ou gendres , dans l'ordre déterminé par la loi (2). Il serait donc contraire à l'esprit de cette loi , qu'un enfant

---

(1) Loi du 5 février 1817 , art. 2.
(2) Loi du 29 juin 1820 , art. 5.

au berceau fît perdre à son père le droit et la capacité
que la délégation de la belle-mère lui confère ; qu'une
propriété qui doit être représentée, si je peux m'ex-
primer ainsi, restât pendant longues années sans or-
gane ; que le privilège politique fût accordé de préfé-
rence à l'époux dont l'union serait stérile, et comme
il en est peu d'aussi malheureux, que la faculté de cession
de contributions en faveur des gendres devînt pres-
qu'illusoire. C'est cependant ainsi que le conseil d'état,
s'attachant, je crois, bien plus à la lettre de la loi qu'à
son esprit, a interprété ces dispositions, et refusé à plusieurs gendres l'exercice des droits électoraux (1). Des
cours royales, au contraires ont jugé que, suivant l'esprit et le texte même de la loi, les mots, *à défaut de
fils* ou *de petits-fils*, devaient s'entendre du défaut de
capacité, comme de la non existence (2). Une telle di-
versité de jugement semble exiger que cette disposition
de la loi soit plus clairement rédigée, conformément à
son esprit.

Quant à l'usurpation des droits électoraux, c'est encore, Messieurs, j'aime à le croire, une injuste prévention que nous avons à détruire ; mais, on ne peut se le
dissimuler, le public est généralement convaincu que,
dans le but de faire triompher certaines opinions ou certains candidats, plusieurs préfets se sont permis d'inscrire
au nombre des électeurs des personnes qui ne remplissaient pas les conditions nécessaires. Des discussions de ce
genre ont été consignées dans des protestations formelles,

____

(1) Ordonnances des 22 octobre 1820, 11 février 1824, et 5 octobre
1827.

(2) Arrêts de la cour royale de Limoges, du 13 septembre 1827, de
la cour royale d'Amiens, du 27 septembre 1827, et de la cour royale de
Rennes, du   septembre 1827.

publiées dans les journaux , et même hautement proférées
à cette tribune. Il s'est élevé plusieurs plaintes à l'époque
des dernières élections sur ce que des électeurs qui ten-
taient de faire réprimer cet abus par les voies juridiques,
voyaient leurs poursuites arrêtées par des obstacles de
tout genre. En procédant à la vérification des pouvoirs,
la chambre va connaître si toutes ces plaintes sont fondées, si des fraudes ont été réellement commises dans les
les dernières élections, et , dans ce cas, elle jugera quelles
déterminations il lui conviendra de prendre à cet égard.
Mais pour l'avenir, vous penserez sans doute, Messieurs,
qu'il serait à désirer que des mesures fussent prises pour
ôter jusqu'au moindre prétexte d'accuser le gouvernement de tolérer une violation aussi manifeste d'une de
nos lois organiques les plus importantes, violation dont
chaque électeur aurait le droit de se plaindre, puisqu'elle
tendrait à annuller son propre droit, en réduisant l'élection à une cérémonie vaine et illusoire. Toutefois, en
cette matière il faut procéder avec beaucoup de sagesse
et de circonspection, pour éviter que les dispositions qui au-
raient pour objet de prévenir l'abus du pouvoir, n'of-
frisent à la malveillance ou à l'esprit de parti des moyens
de troubler les électeurs légitimes dans le libre exercice
de leurs droits. Mais cette discussion de détail m'entrai-
nerait dans de trop longs développemens auxquels il sera
temps de se livrer si la proposition est prise en considération. Je me bornerai donc à vous exposer la nécessité
de déterminer d'abord de quelle manière les électeurs
pourront procéder pour dénoncer les fraudes de ce genre
et poursuivre , soit les fonctionnaires qui s'en rendraient
coupables, soit les individus qui en profiteraient pour
s'introduire illégalement et sans droit dans les colléges
électoraux ; ensuite, de fixer les peines qui devraient être
prononcées contre les délinquans ; soit celles qui sont por-

tées par les articles 167 et 258 du code pénal, soit toutes
autres peines spéciales qu'il paraîtrait plus convenable de
leur infliger.

C'est par des mesures de ce genre que l'on achèvera ce
que la loi du 2 mai 1827 avait commencé, la réforme et
le complément de notre législation électora'e ; mais tout ne
sera pas fait encore, car les meilleures lois ne sont que de
vaines formules, si, loin de les exécuter de bonne foi, on
ne cherche qu'à les éluder dans l'application. A ce sujet
encore, Messieurs, nous ne pouvons oublier combien de
plaintes se sont élevées dans divers départemens et jusque
dans cette chambre, à l'époque des élections de 1824,
contre la conduite illégale et arbitraire de certains préfets
et présidens de colléges. Ces plaintes, trop unanimes pour
n'être pas fondées, du moins en partie, se sont renouve-
lées au sujet des dernières élections. Elles avaient pour
objet des refus d'inscription non motivés, le silence obs-
tiné de fonctionnaires, malgré les réclamations les plus
vives, des menaces et des violences envers c ux des éle c-
teurs qui étaient pourvus d'un emploi quelconque, les délais et les entraves de tout genre opposés à ceux que l'on
soupçonnait d'être peu favorables au candidat ministériel,
la violation du secret des votes au mépris du texte formel
de la loi (1), et tant d'autres actes arbitraires dont je ne
veux point compléter ici l'odieuse énumération. Quand
de pareilles fraudes ont été commises, le gouvernement
l'ignorait sans doute, car on ne saurait soupçonner des
ministres du roi de France d'avoir recours à des moyens
aussi bas. Le blâme ne peut en retomber que sur des f n -
tionnaires et des agens subalternes qui, dans l'excès d'un
zèle aveugle ou intéressé , ont cru que tout leur était
permis pour obtenir un résultat qu'ils pensaient devoir

____

(1) Loi du 29 juin 1820, art. 6.

être utile à leur parti ou agréable à leurs chefs : c'est
ainsi, du moins, qu'en 182{ un ministre lui-même s'est
exprimé devant vous à ce sujet (1). Signaler de semblables
abus à une administration franche et loyale, c'est en prévenir le retour. Je me bornerai donc à vous proposer,
Messieurs, de manifester le désir qu'une ordonnance ré-
glémentaire, plus méthodique, plus détaillée que les ordonnances de circonstances qui ont été rendues jusqu'à
ce jour (2), détermine les mesures d'exécution relatives à
la formation, à la rectification et à la publication des
listes, ainsi qu'à la tenue des colléges, les formalités à remplir, les devoirs des fonctionnaires, et ceux des électeurs,
d'une manière assez précise pour que l'exercice du droit
le plus précieux des citoyens ne soit plus soumis à l'arbitraire des autorités locales.

Sans doute on peut désirer que les ministres de Sa Majesté exercent sur les élections une juste et salutaire influence ; sans doute il ne faut point, par une méfiance,
aussi injuste qu'outrée, leur enlever tous les moyens na-
turels de défense, tandis que leurs adversaires demeure-
raient libres d'employer contr'eux toutes les ressources,
des coalitions et de l'intrigue. Mais les ministres ne sont-
ils pas investis d'un pouvoir légal assez efficace ? ne sont-ils
pas les dispensateurs des emplois et des grâces ? n'ont-ils
pas à leur disposition tous les ressorts du gouvernement et
de l'administration ? Au lieu d'exercer sur la conscience
des électeurs une véritable tyrannie, au lieu de les réduire,
à une sorte d'ilotisme politique, au lieu d'employer tant
de moyens honteux, que les fonctionnaires fassent entendre aux électeurs la voix de la fidélité, de la modéra-

______

(2) M. de Corbière répondant à M.   séance du
(1) Les ordonnances rendues jusqu'à présent sur cette matière, sont
celles des 20 août 1817, 26 septembre 1827, 18 août 1819, 4 septembre
et 11 octobre 1820 et 27 juin 1827.

tion et de l'honnenr ; qu'ils les éclairent sur les véritables intérêts de la patrie ; qu'ils leur donnent l'exemple , non de violer les lois, mais de les exécuter avec respect et loyauté ; sur-tout que leur administration soit juste et impartiale. Voilà par quels moyens le gouvernement peut et doit influer sur les élections ; voilà comment il lui convient de séduire les électeurs et de commander leurs votes. L'usurpation peut quelquefois avoir besoin de la violence et de la fraude pour se maintenir ; mais ce n'est point par des faux et des injustices que l'on soutient un trône légitime, c'est, au contraire, par de semblables moyens que l'on parvient à l'ébranler.

Telles sont, Messieurs, les diverses propositions que j'ai cru convenable de vous soumettre en ce moment. J'ai l'intime conviction que de pareilles mesures sont éminemment utiles, si même elles ne sont pas indispensables, pour que cette chambre conserve toute sa dignité, toute son influence sur l'opinion publique ; pour que ses actes obtiennent chaque jour davantage dans toutes les classes de la société cette confiance, cette force de persuasion qui seules peuvent rendre les lois durables et en assurer le pouvoir, et quand à l'opportunité de ces propositions, quel moment plus favorable peu s'offrir que celui où la France, répondant à l'appel de son roi, vient de composer une chambre unanime dans ses vœux pour l'affermissement du trône légitime ; le maintien de nos libertés, de nos institutions, et la prospérité de notre belle patrie ; une chambre nouvelle qui n'est liée par aucun antécédent, gênée par aucun souvenir. Enfin, si mes observations vous semblent erronées, vous suppléerez, Messieurs, à mes faibles lumières et vous rectifierez dans votre sagesse mes diverses propositions. Mais j'ose croire du moins que de semblables mesures, dictées par cette constante bonne foi, ce sincère amour du bien public qui caractérise un gou-

vernement juste et paternel , obtiendraient l'auguste suf-
frage d'un monarque modèle d'honneur et de loyauté, et
seraient favorablement accueillies par une nation qui sait
si bien apprécier tout ce qui est franc et généreux.

J'ai donc l'honneur de vous soumettre , Messieurs, les
propositions suivantes :

I. La première est de supplier respectueusement Sa
Majesté, suivant les formes prescrites par les articles 19,
20 et 21 de la charte constitutionnelle , de faire présenter
aux chambres les dispositions législatives nécessaires pour
compléter notre système électoral, savoir :

1°. Que tout membre de la chambre des députés qui
acceptera des fonctions salariées civiles ou militaires, les
ministères seuls exceptés , cessera, par ce seul fait, d'avoir
droit de siéger à la chambre à moins qu'il ne soit réélu. Sa
place dans cette chambre sera considérée comme vacante,
et le collége électoral qui doit y pourvoir sera convoqué
dans le délai prescrit par l'article 10 de la loi du 29 juin
1820.

2°. Qu'il sera statué par les tribunaux ordinaires , contradictoirement entre le préfet et les réclamans , sur
toutes les difficultés qui pourront s'élever au sujet de
l'inscription sur les listes électorales ; soit qu'il s'agisse de
la jouissance des droits civils et politiques et des questions
d'état , soit que la contestation ait pour objet le domicile
réel ou politique , le cens , les qualités et conditions nécessaires pour jouir des droits électoraux , et les cessions de
contributions autorisées par l'article 5 de la loi du 29 juin
1820.

Les contestations de cette nature seront jugées comme
matière urgente , sur les conclusions du ministère public ,
et le préfet sera entendu par simple mémoire.

3°. Que l'article 5 de la loi du 29 juin 1820 devra être

entendu et exécuté dans ce sens que les contributions foncières payées par une veuve, mère naturelle ou adoptive,
pourront être cédées par elle pour conférer le cens électoral à un ou plusieurs de ses fils ; à défaut de fils âgés de
3o ans, ou ayant la capacité requise, à un ou plusieurs de
ses petits-fils ; et, à défaut de fils et de petits-fils capables,
à un ou plusieurs de ses gendres ou maris de ses petites-
fillis.

4°. Que lorsqu'un individu qui, aux termes des lois,
n'est point électeur, aura néanmoins été inscrit sur les
listes électorales, chaque électeur du même département
pourra faire notifier au préfet, par le ministère d'un huis-
sier, sa dénonciation à cet égard, avec l'indication précise des motifs et preuves sur lesquels cette dénonciation
est fondée.

Si, malgré cette notification, ou même sans dénoncia-
t'on préalable, un faux électeur se présente au collége et
y dépose son vote, il pourra être poursuivi pour ce fait
par tout électeur du même collége, et, sur la plainte ap-
puyée de toutes les pièces justificatives, le faux électeur
sera condamné aux peines portées par l'article 258 du
code pénal, après toutefois qu'il aura été préalablement
statué par les juges compétens sur le droit électoral con-
testé.

Tout fonctionnaire qui aurait commis une fraude ten-
dant à introduire dans un collége, comme électeurs, des
individus qui n'en ont pas le droit, ou qui aura toléré
sciemment une fraude de cette nature, sera puni de la
destitution, sans préjudice de plus fortes peines dans les
cas prévus par le code pénal.

Si, par le résultat de fraudes de ce genre qui ne seraient
constatées qu'après l'élection consommée, cette élection
devenait douteuse, il serait statué par la chambre des dé-

putés sur la validité de l'élection, conformément aux dispositions de l'article 11 de la loi du 5 février 1817.

II. La seconde proposition consiste à supplier respectueusement Sa Majesté, pour l'exécution de l'article 21 de la loi du 5 février 1817, de déterminer par une ordonnance réglementaire, aussi détaillée que précise, les devoirs des électeurs et ceux des divers fonctionnaires au sujet des élections, tant en ce qui concerne la composition, la rectification, la publication des listes électorales et la manière dont les réclamations doivent être présentées et instruites devant les juges compétens, que relativement au secret des votes, à la vérification des bulletins, et généralement toutes les mesures et formalités nécessaires pour que les lois sur cette matière soient franchement et régulièrement exécutées.

FIN.